NOTICE

BIOGRAPHIQUE

SUR FEU

RIGAUD DE L'ISLE,

AGRICULTEUR;

PAR A. DUVAURE.

NOTICE

BIOGRAPHIQUE

SUR FEU M. MICHEL-MARTIN

RIGAUD DE L'ISEE,

AGRICULTEUR ;

Adressée à la Société royale d'Agriculture de Paris, pour le concours de 1819, et qui a obtenu à l'auteur un prix d'une médaille d'or au jugement de cette Société dans sa séance publique du 18 avril 1819 :

Par *A. DUVAURE*, Membre de diverses Sociétés savantes et d'agriculture , pensionné du Gouvernement.

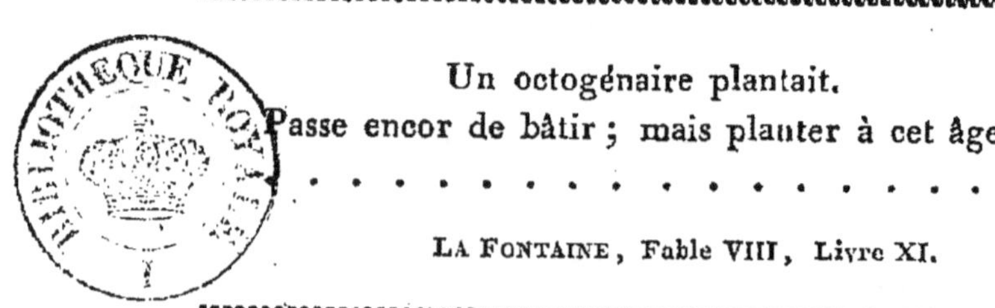

Un octogénaire plantait.
Passe encor de bâtir ; mais planter à cet âge !
. . . .

LA FONTAINE, Fable VIII, Livre XI.

A VALENCE,

DE L'IMPRIMERIE DE JACQUES MONTAL , IMPRIMEUR DU ROI.

Juin 1819.

Extrait du procès-verbal de la séance publique de la Société royale et centrale d'agriculture de Paris, du 18 avril 1819.

M. du Petit-Thouars a lu le rapport sur le concours pour des Notices biographiques sur des hommes dignes d'être connus pour les services qu'ils ont rendus à l'agriculture et à l'économie rurale de la France. Il a été décerné une médaille d'or, à l'effigie d'*Olivier de Serres*, à M. Duvaure, Correspondant de la Société, à Crest, département de la Drôme, auteur d'une Notice biographique sur Michel-Martin Rigaud de l'Isle.

Pour extrait conforme :

Le Secrétaire perpétuel de la Société,

SILVESTRE.

NOTICE

BIOGRAPHIQUE

SUR FEU M. MICHEL-MARTIN

RIGAUD DE L'ISLE,

AGRICULTEUR (1).

VARRON disait d'un cultivateur romain :
« C'est un citoyen distingué par toutes sortes
» de bonnes qualités ; il passe pour le
» citoyen le plus versé dans la science agri-

(1) Pour l'intelligence de cette Notice, il suffit d'observer que la Société d'agriculture de Paris, dont le zèle
s'étend sur tout ce qui peut hâter les progrès agricoles,
a proposé au concours depuis 1812 des prix en médailles
d'or, à ceux qui lui fourniront des notices biographiques

» cole; ses métairies annoncent l'abondance,
» ses terres présentent la plus brillante cul-
» ture ; elles sont visitées à tout moment
» par un grand nombre de personnes qui
» vont chez lui, non comme chez Lucullus,
» voir des cabinets de peinture, mais des
» greniers. »

Tel était feu M. RIGAUD DE L'ISLE, agriculteur résidant à son domaine de *l'Isle*,
près Crest, département de la Drôme.

La mémoire de M. Rigaud de l'Isle est en
honneur dans les trois départemens qui
composent l'ancienne province de Dauphiné,
la Drôme, l'Isère et les Hautes-Alpes. Il
était réservé à la première Société agricole,
en provoquant le zèle des amis de l'agriculture, d'offrir à la vénération générale de la
France, et même de l'Europe, ceux qui se

---

sur les hommes dignes d'être connus par les services
qu'ils ont rendus à l'agriculture et à l'économie rurale
dans les diverses parties de la France, en contribuant aux
progrès de l'art, soit par l'exemple d'une pratique éclai-
rée, soit par la publication d'ouvrages utiles.

Voyez le Programme publié par cette Société, de sa
séance publique du 18 avril 1819.

sont distingués dans la pratique ou l'étude du premier des arts, et que l'indifférence de leurs concitoyens laisserait dans l'oubli du tombeau, sans le zèle qu'on ne peut trop louer de cette Société distinguée, qui offre annuellement des palmes à cueillir à ceux qui sont assez heureux pour atteindre le but qu'elle a en vue.

Trente-sept ans sont écoulés depuis la mort de Rigaud. Il y a huit ans que le programme de la Société d'agriculture du département de la Seine (Paris) est renouvelé annuellement, et cependant nulle plume n'a rendu le tribut d'hommage et de justice dû à la mémoire de Rigaud. Peut-être ceux qui pourraient le faire d'une manière digne de lui et de la savante association qui doit prononcer, en sont-ils distraits par d'autres soins ; peut-être ceux qui voudraient se mettre sur les rangs en ne consultant que leur zèle, craignent-ils de ne pas remplir la tâche qu'ils s'imposeraient en entrant dans l'arène qui est ouverte.

J'ai été long-temps de ce nombre, je l'avoue ; mais convaincu que c'est moins une plume habile et exercée que la Société de la Seine demandé, que des faits vrais et exacts, que tout homme peut rendre sans art et sans prétention, puisqu'une notice biographique n'est pas un éloge, j'eus l'honneur d'adresser l'année dernière à la Société une notice sur feu Rigaud de l'Isle, pour le concours de 1818.

Les programmes publiés par cette Société m'ont appris qu'elle n'avait point accordé de prix sur cet objet, et qu'elle les continuait pour 1819. Je crois donc pouvoir lui adresser encore une notice sur Rigaud, à laquelle j'ai donné plus de développemens. Puissent-ils me mériter l'attention et surtout l'indulgence de la Société! les charmes du style ne peuvent être le partage d'un habitant des champs, qui dès ses plus jeunes ans a attaché son bonheur à cultiver le mince héritage de ses pères, et qui a même renoncé à des fonctions publiques (1) pour suivre son goût.

> L'arbre qu'on a planté, rit plus à notre vue
> Que le parc de Versaille et sa vaste étendue.
>
> Volt., *Épitre sur l'agriculture*.

----

(1) Celles de Sous-Inspecteur des forêts dans le département de la Drôme.

Michel-Martin Rigaud de l'Isle naquit en 1704 à Crest, diocèse de Die, en Dauphiné, de parens négocians en draperie. Ses premières années furent employées à partager les occupations de son père.

En 1740 environ, ayant hérité du Sieur Petier, son oncle, dont les propriétés étaient situées à Montélimar (Drôme), Rigaud se fixa d'abord dans cette ville, et y donna bientôt des preuves de son zèle et de son intelligence, dans la culture des possessions qu'il avait touchant presque la porte méridionale de cette ville. Son habitation est connue aujourd'hui sous le nom de l'auberge du Palais Royal. On y voit encore un jardin tracé et planté par Rigaud.

La proximité de ses possessions de la ville y attirait sans cesse les curieux et les oisifs, qui tantôt louaient, tantôt blâmaient les travaux agricoles de Rigaud, et souvent avec peu de discernement ; de telle sorte qu'en peu d'années il fut dégoûté de l'asile qu'il avait choisi pour se livrer entièrement aux douces occupations de Cérès et Pomone.

En quittant Montélimar vers l'an 1750,

Rigaud vint se fixer au domaine de l'Isle, dont il portait le nom, et qui lui était échu dans le partage des biens de sa famille avec ses frères.

Cette propriété, située dans les communes d'Allex et d'Eurre, et sur la rive droite de la rivière de Drôme, qui la borne au midi, est de l'exploitation de 4 ou 5 charrues ; elle offrait à Rigaud un vaste champ pour exercer son génie et se livrer aux diverses améliorations rurales qui devaient rendre un jour son nom recommandable aux amis du premier des arts.

A peine y fut-il établi, que par des chaussées en terre et des plantations bien dirigées contre la rivière de Drôme, il conquit sur elle en peu d'années 80 ou 100 arpens de 600 toises carrées, mesure ancienne du pays.

Ce succès n'intéressait guères que Rigaud et quelques voisins, qui pouvaient profiter des leçons qu'il leur avait données en ce genre, et qui étaient d'autant plus à apprécier que l'on ne connaissait point alors en Dauphiné la méthode d'encaisser les rivières et torrens par des digues en pierres, méthode qui depuis a été usitée avec tant de succès, même contre la rivière de Drôme.

En même temps que Rigaud augmentait l'étendue de ses terres labourables par ses conquêtes sur le lit de la rivière de Drôme, il en augmentait aussi les produits en perfectionnant les diverses cultures des terres à grains, ainsi qu'on le verra bientôt ; mais d'abord il dirigea essentiellement ses soins vers la culture du murier, et l'éducation des vers-à-soie qui en fait l'objet.

Après avoir établi de vastes pépinières de muriers, et fait avec la plus grande intelligence des plantations considérables de cet arbre précieux, il chercha surtout à perfectionner l'éducation des vers-à-soie, qui peut seule rendre profitable les plantations des muriers.

Jusqu'alors, dans la contrée habitée par Rigaud et même dans tout le Dauphiné, il était reçu parmi les éducateurs de vers-à-soie que lorsqu'une once de graine de ces insectes donnait trente ou quarante livres de cocons, c'était avoir obtenu un plein succès. Rigaud prouva bientôt que, par des soins plus minutieux que pénibles, il était facile d'obtenir un quintal et même plus de cocons par chaque once de graine de vers-à-soie ; et pour arriver à cet heureux résultat, outre les peines qu'il prit, et les expériences auxquelles il se livra pendant nombre d'années, il envoya encore à ses frais des femmes dans les pays où l'éducation des vers-à-soie était déjà perfectionnée, tels que les Cévennes et ailleurs, pour y prendre des leçons et lui en apporter le fruit ; et après s'être assuré par une pratique de douze ou quinze années de la bonté de ses procédés pour l'éducation des vers-à-soie, il s'empressa de les consigner dans un mémoire imprimé en 1767, et gratuitement répandu par lui.

Ce mémoire, qui donna l'impulsion au perfectionnement de l'éducation des vers-à-soie dans toute la partie du Dauphiné où le murier était ou pouvait être cultivé, fut encore réimprimé par Rigaud, après l'avoir amélioré par dix ans de plus d'expérience, en 1777, sous le titre, ainsi que le précédent, de *Mémoire ou Manuel sur l'éducation des vers-à-soie, par Rigaud de l'Isle, etc.*

Les auteurs qui ont écrit depuis cette époque sur l'art d'élever les vers-à-soie, se sont empressés de lui rendre hommage , et de le citer et son mémoire comme des modèles à suivre. Nous distinguons surtout parmi ces auteurs *M. Faujas de Saint-Fond*, dont le suffrage est si précieux dans son Histoire naturelle du Dauphiné, publiée en 1781 ; il s'énonce ainsi, page 90, article *Vers-à-soie* :

« Je pourrais rappeler ici plusieurs bons
» traités sur l'éducation des vers-à-soie ; mais,
» pour abréger, je me contenterai de recom-
» mander la lecture de l'ouvrage de..... et
» de M. Rigaud de l'Isle, citoyen de Crest,
» recommandable par les encouragemens de
» toute espèce qu'il a constamment ré-
» pandus dans un canton qui n'oubliera
» jamais ses bons exemples et ses bienfaits. »

Ce peu de mots d'un homme si justement célébre, et auquel le département de la Drôme s'honore d'avoir donné le jour (1) , suffirait pour faire l'éloge de Rigaud dans sa carrière agricole, si des faits bien constatés ne venaient encore ajouter à tout ce qu'en a dit

---

(1) M. Faujas de Saint-Fond , professeur au Muséum, est né à Montélimar (Drôme.)

l'auteur estimable dont j'ai interrogé l'opinion.

Ainsi Rigaud, en joignant la théorie à la pratique pour l'éducation des vers-à-soie, jeta dès-lors les fondemens d'une branche importante d'agriculture, qui fait aujourd'hui la principale richesse des trois départemens qui forment l'ancienne province de Dauphiné, la Drôme, l'Isère et les Hautes-Alpes; et ce n'est point exagérer de dire que depuis Rigaud la culture des muriers rapporte six fois plus que de son temps, surtout dans le département de la Drôme, où l'on estime le produit des cocons à près de trois millions annuellement; encore faut-il observer que le murier est peu cultivé dans la partie élevée de ce département, qui avoisine la première chaîne des Alpes.

L'accroissement des produits en grains et en prairies artificielles par le perfectionnement des bonnes cultures, était trop intéressant pour ne pas fixer l'attention de Rigaud.

Tous les nouveaux procédés en agriculture, toutes les nouvelles charrues, herses et semoirs, annoncés dans les papiers publics ou par les auteurs du temps de Rigaud, étaient par lui soumis au creuset de l'expérience ; il rejetait ou adoptait de bonne foi, après avoir eu la précaution de discuter ces objets avec ses nombreux amis, surtout avec ceux voués comme lui aux douces occupations agricoles ; car Rigaud ayant vécu plus de trente ans avec tout ce que la contrée et même la province possédait de personnes les plus marquantes dans toutes les professions, il lui était aisé de s'entourer de l'avis des agriculteurs instruits, comme aussi sa plus douce satisfaction était de rendre profitables aux autres cultivateurs les résultats de sa longue expérience et de sa théorie ; et lorsque ceux-ci recouraient à lui, l'accueil qu'ils en recevaient les engageait à y revenir en toute occasion, puisqu'outre son mérite comme agriculteur, personne ne posséda plus que Rigaud les qualités privées, comme on le verra bientôt.

Par l'exemple de ses bonnes cultures, et surtout par un grand usage des prairies artificielles, et notamment du *sainfoin*, jusque-là trop peu connu dans la contrée habitée par Rigaud, il prouva que l'on pouvait augmenter considérablement le nombre des bestiaux de labour, des troupeaux, et par suite presque doubler les récoltes en grains, ainsi qu'il en donnait l'exemple dans son domaine de l'Isle.

Et pour joindre la théorie à l'exemple, et encourager l'utile et avantageuse pratique des prairies artificielles, base de toute bonne agriculture, il fit imprimer en 1769 un mémoire sur les avantages de la culture du sainfoin, *considéré soit comme engrais pour la culture des terres à grains, soit comme prairie artificielle*, et ce mémoire répandu aux frais et par les soins de Rigaud, produisit les plus heureux résultats, à une époque surtout où le génie de la nation se tournait avec enthousiasme vers l'agriculture, source réelle des vraies richesses.

Enfin, constamment occupé du soin d'améliorer l'agriculture, même de l'honorer, et du sort des agriculteurs, Rigaud, dont le zèle n'avait pas de bornes, consultant moins sa fortune que l'utilité publique et l'avancement de l'art, objet de tous ses vœux, son zèle, dis-je, lui suggéra l'idée d'une fête et d'une réunion digne de ces temps heureux où Rome et l'Italie voyaient les conquérans de l'Univers, les Cincinnatus, s'énorgueillir de tracer des sillons de cette main qui venait de sauver la République et de lui asservir ses ennemis. Dès 1768, Rigaud fixa au 29 septembre de chaque année, jour de Saint-Michel, son patron, la réunion de tous les laboureurs des communes d'Allex et d'Eurre, dans lesquelles se trouvaient les terres du domaine de l'Isle, qu'il habitait.

Tous les laboureurs, au nombre d'environ cent, arrivés au rendez-vous et dans de vastes champs, chacun d'eux traçait plusieurs sillons avec leurs charrues et attelages ; des commissaires choisis les examinaient ; et les vainqueurs, toujours en assez grand nombre pour remplir l'objet de la réunion et stimuler le perfectionnement du labourage, étaient proclamés le jour et à l'instant même, en présence de tout ce que la contrée avait de plus marquant, soit dans la classe des agriculteurs, soit dans celle des personnes les plus distinguées que Rigaud appelait à cette fête, qui fut plusieurs fois honorée de la présence de feu M. *Pajot de Marcheval*, Intendant de Dauphiné ; et pour que rien n'y manquât, elle était aussi embellie par un concours de Dames distinguées par leurs grâces et leur beauté (1).

Les prix, au nombre de quinze ou vingt, donnés aux frais de Rigaud, consistaient en charrues de diverses formes, en herses, semoirs, faux, haches et autres instrumens aratoires. On se persuadera aisément que la solennité donnée à cette réunion produisait le plus heureux résultat, et que l'agriculteur voyant enfin son état honoré et encouragé, éprouvait, en quittant le domaine de l'Isle, le sentiment de se distinguer dans ses travaux particuliers, pour figurer dignement au concours rural qui devait se renouveler l'année suivante dans les vastes champs de ce domaine.

Le jour de cette réunion était un jour de fête, comme on le juge bien, pour le cœur

---

(1) La totalité de la réunion était d'environ deux cents personnes, toutes reçues et traitées par Rigaud. Les laboureurs étaient traités dans les champs même qui avaient servi au concours ; ce qui ajoutait encore au tableau de cette fête champêtre, aussi intéressante par sa nouveauté que par son objet. Les autres personnes étaient reçues et traitées dans l'agréable habitation du domaine de l'Isle.

aimant, sensible et vertueux de Rigaud, qui eut toujours en vue dans toutes ses actions l'utilité publique, privée, et surtout l'utilité qui pouvait résulter de son occupation chérie, l'agriculture.

C'est dans cette vue que, vers l'an 1778 environ, il présenta au Gouvernement un mémoire important, qui avait pour but l'exécution d'un projet formé par le *Connétable de Lesdiguières*, celui d'encaisser la rivière de Drôme par des digues en pierre, depuis le pont de Crest, jusqu'au pont dit de la Drôme, qui traverse la grande route de Lyon à Marseille, et sur une distance de l'un à l'autre pont de trois lieues.

L'exécution de ce projet eût pu rendre à l'agriculture dix ou douze mille arpens de graviers, facilement attéris par les dépôts de la rivière, ainsi que cela a été pratiqué en petit et partiellement par quelques riverains, depuis le vœu formé par Rigaud, qui, pour mettre le Gouvernement à portée de juger de son mérite, fit lever à ses frais un plan du cours de la rivière de Drôme dans toute son étendue, depuis le pont de Crest jusqu'à celui de la Drôme, plan qui offrait le tableau frappant des désastres causés annuellement par les irruptions de cette rivière sur les terres fertiles qui l'avoisinaient.

Les grandes avances qu'exigeait le projet de Rigaud, ne permirent sans doute pas au Gouvernement de l'adopter ; mais il ne prouve pas moins que son auteur eut constamment en vue tout ce qui pouvait contribuer au bien de son pays et étendre le domaine de l'agriculture.

Si le Gouvernement eût cru devoir accueillir le plan de Rigaud, il aurait trouvé le moyen de faire une conquête bien plus digne d'être appréciée par le vrai philosophe et l'ami sincère de son Prince et de son pays, que celles qui coûtent tant de sang et de larmes à l'humanité. Une telle conquête à faire encore aujourd'hui, serait digne d'être offerte au Monarque chéri que la Providence a rendu à nos vœux, après tant d'orages et de tourmentes révolutionnaires.

Le projet de Rigaud, tel qu'il fut proposé au Gouvernement en 1778, est rapporté en entier par M. Faujas de Saint-Fond, dans son Histoire naturelle du Dauphiné, page 258 et suivantes.

Tels sont les principaux bienfaits de la carrière agricole de Rigaud; et, ou je me trompe fort, ou ils suffisent déjà pour lui assigner une place honorable parmi les agriculteurs qui ont bien mérité de leur pays.

Mais, si à ces premiers titres se joignent encore ceux d'y avoir réuni les qualités privées les plus distinguées, la mémoire de Rigaud aura un double droit aux hommages des amis de l'agriculture : tous les sentimens qui commandent l'estime, ou provoquent l'attachement, Rigaud les inspirait.

Bon par caractère, généreux sans ostentation, charitable par inclination, probe et même délicat plus par sentiment que par devoir, ami sincère, bon parent, bon citoyen, il eût été bon époux et excellent père, si son goût particulier ne lui eût fait préférer le célibat, sans doute pour se livrer sans distraction à la pratique et à l'étude de l'art vers lequel un penchant irrésistible l'attirait.

Doué de tant de qualités, Rigaud fut

constamment recherché par tout ce que la province avait de plus distingué dans les diverses classes de citoyens ; et son habitation fut, pendant plus de trente années, un rendez-vous où toute personne honnête, sans distinction d'état, était reçue et traitée avec empressement et cordialité.

Quant à la classe indigente et malheureuse, elle ne se présenta jamais vainement à sa porte ; mais son cœur n'eût pas été satisfait s'il eût borné là ses libéralités. Prodigue de faire le bien, si je puis m'exprimer ainsi, il rechercha souvent le malheureux dans son asile et sa chétive chaumière, pour le soulager, soit dans la nourriture dont il manquait, soit dans ses vêtemens, et surtout pendant la saison la plus rigoureuse de l'année ; et pour remplir ce double but, après avoir distribué des grains aux malheureux de son voisinage, il leur distribuait aussi des toiles et des étoffes de laine, dont il faisait faire annuellement une grande quantité, à laquelle présidait une sage économie, afin de pouvoir étendre davantage le cercle de ses bienfaits.

L'homme de bien, qui, sans faste et sans ostentation, recherchait son semblable sous

les toits de l'indigence et vêtu des lam-
beaux de la misère, pour adoucir son infor-
tune, était à son tour recherché par tous
ceux qui étaient dignes de l'apprécier ; aussi
l'académicien Guétard (1), voyageant en
Dauphiné en 1777, ne passa-t-il pas à Crest
sans aller visiter Rigaud à sa campagne de
l'Isle, et si le moderne Cincinnatus fut satisfait de l'accueil et de l'empressement de
M. Guétard, celui-ci sut aussi apprécier
Rigaud.

Estimé de ses supérieurs, honoré par ses
égaux, respecté par ses inférieurs, et chéri
de tous, il coula pendant plus de trente
ans, dans sa propriété de l'Isle, des jours
tranquilles et fortunés. Heureux celui qui, à
l'exemple de Rigaud, peut, après de longues
années, parcourir le tableau de la vie, et
n'y trouver que des actions louables ! sa plus
douce récompense est dans son cœur, dans
l'estime de ses contemporains et les suffrages
de la postérité.

Organisé au physique d'une bonne consti-

____

(1) M. Guétard, Membre de l'Académie des Sciences,
auteur de la Minéralogie du Dauphiné.

tution, qui avait été fortifiée par une vie sage,
et modérée, Rigaud paraissait devoir pro-
longer ses jours jusqu'à l'âge le plus reculé ;
mais l'auteur qui dirige toute chose ici bas
comme au séjour de l'immortalité, en décida
autrement. Après une maladie de quelques
mois, qui mina lentement sa santé, il
succomba en février 1782, âgé de 78 ans,
après avoir vu sa fin prochaine sans s'alar-
mer : il n'avait aucun reproche à se faire, *et
le mépris de la mort est l'un des plus grands
bienfaits de la vertu.*

Une telle perte fut regardée dans la
contrée, et même la province, comme une
calamité générale, et, pour honorer la mémoire de Rigaud, ses voisins firent placer
au-dessus de la principale porte de son habitation un marbre noir, orné des divers
emblèmes de l'agriculture, avec l'inscription
suivante :

« Cette maison était l'habitation
» ordinaire de M. MICHEL-MARTIN
» RIGAUD DE L'ISLE. De son
» vivant il fut un excellent citoyen,

« l'ami des hommes et le père des
» pauvres. Ce marbre a été placé
» aux frais et par les soins de ses
» voisins de tous les ordres , qui
» ont voulu rendre hommage à
» ses vertus et en conserver la
» mémoire. Il était né le 4 avril
» 1704 : il est mort le 21 février
» 1782. »

Je termine ici le résumé des actions princi-
pales de la vie agricole de Rigaud : j'en puis
d'autant plus assurer la vérité, que j'ai vécu
dans son voisinage et avec lui les quinze der-
nières années de sa vie, et quoique jeune
alors, j'ai pu apprécier cet homme rare et
bienfaisant , dont je n'entends jamais parler
qu'avec une sorte de vénération et de res-
pect ; d'ailleurs j'ai cité dans cette notice
les preuves où sont consignées une partie
des services rendus à l'agriculture par Rigaud.

Je répète que tout autre aurait rendu
le tribut d'éloges dû à sa mémoire, d'une
manière plus digne de lui. En traçant

ces lignes, je n'ai consulté que mon zèle à rendre hommage à celui qui fut mon compatriote, mon voisin de campagne et mon ami, et ce zèle m'a fait vaincre les obstacles d'un âge avancé, d'une santé frêle, qui me défendent toute application et peine morales ou physiques ; et c'est bien plus pour satisfaire mon cœur, que dans l'espoir d'un succès, que j'ai rédigé cette notice.

Cependant, si plus heureux que prudent, elle fixait favorablement l'attention de mes juges, je ne cacherais pas sous les dehors d'une modestie affectée, combien je serais satisfait de pouvoir joindre, sur la fin de ma carrière agricole, une palme quelconque à celles que j'ai obtenues dans le printemps de ma vie (1) de la Société distinguée qui doit prononcer, et à laquelle je m'honore d'appartenir depuis trente années (2).

---

(1) En 1791, l'ancienne Société royale d'agriculture de Paris m'a accordé une médaille d'or pour diverses améliorations agricoles : en 1807, la nouvelle Société d'agriculture m'a accordé une médaille d'or pour la culture du murier et l'établissement des pépinières de cet arbre précieux, et en 1810 un prix de mille francs sur le même sujet.

(2) Depuis 1789 je suis Membre correspondant de la Société d'agriculture de Paris.

Mais lors même que mon vœu ne sera pas comblé, j'éprouverai encore la jouissance de ce *spartiate*, qui n'ayant pu être admis au Conseil des trois cents, s'en retournait joyeux, puisqu'alors j'aurai la certitude que tout autre aura rempli plus dignement que moi les vues de la savante association qui doit prononcer, en donnant sur Rigaud une notice plus propre à perpétuer le souvenir de ses services agricoles et de ses vertus privées.

FIN.